帯・POP作りのスゴ技

読書を楽しむ

＼本の／

POP

をつくろう！

「本のPOPや帯を作ろう」編集室

理論社

POPってどんなもの？

「POP」というのは、お店などで商品といっしょに置いてあるカードのこと。
英語の「Point Of Purchase」の頭文字をとったもので、「商品を買う場所での広告」
という意味です。書店でも売り場のあちこちでPOPを見ることができます。
POPは、本を手に取るきっかけとなる、とても重要なものなのです。

POPの役割は？

POPは、書店にあるたくさんの本の中から、
その1冊を手に取ってもらうために、
「こんな本があるよ！」と、みんなに気づかせる役割があります。
大切なポイントは、3つ。

① 目にとまるように目立たせる！
② 本の魅力を簡潔に伝える！
③ 「読みたい」と思わせる！

POPの種類はさまざま！

本のPOPには、あらすじや、おすすめポイント、
ドラマ・映画化のお知らせなど、
小さな紙にたくさんの情報がつまっています。
見た目もさまざまで、
いろいろな形、大きさ、素材があります。
本の内容や置く場所によってデザインを考えます。

だれが作っているの？

本のPOPは、書店員さんや図書館員さんが作ることが多いです。
自分で読んでおもしろかった本を、たくさんの人に読んでほしいという気持ちで、
それぞれのアイディアがつまったPOPを手作りします。出版社が作るPOPもあります。

本のPOPを作ろう！

自分が読んでおもしろかった本、感動した本はほかの人にもすすめたくなります。
「おうちの人や友達にも読んでほしい！」と思う本について、
その魅力が伝わるPOPを作ってみましょう。

1 本の読み方について考える！

本の魅力をほかの人に伝えるためには、まず自分がその本の内容を楽しみ、
深く理解することが大切です。そのためには、こんな読み方がおすすめです。

- 先を予想したり、疑問を持ったりしながら読む。
- 知らない言葉や分からない言葉を前後の文章から考えたり、
  辞書で調べたりしながら読む。
- ゆっくり読んだり、気になる部分を読み返したり、くり返し読んだりする。

2 読みたい本を選んで読む！

本を選んでみましょう。お気に入りの本や
おすすめの本はありますか？
すぐに思い当たらない時は、
右ページのチャートで
自分に合う選び方を見つけてください。
その本を読みたいと思った理由が、
自分が紹介する時の
おすすめポイントになることもあります。

3 読んだ本を紹介し合う！

本を読んだら、感想やおすすめする理由を考えて魅力を伝え合います。
POPも本の魅力を伝える方法の1つ。
「読んでみたい」と思ってもらえるPOPを作ってみましょう。

どんな本を選ぶ？

チャートで自分に合った本の選び方を見つけましょう！

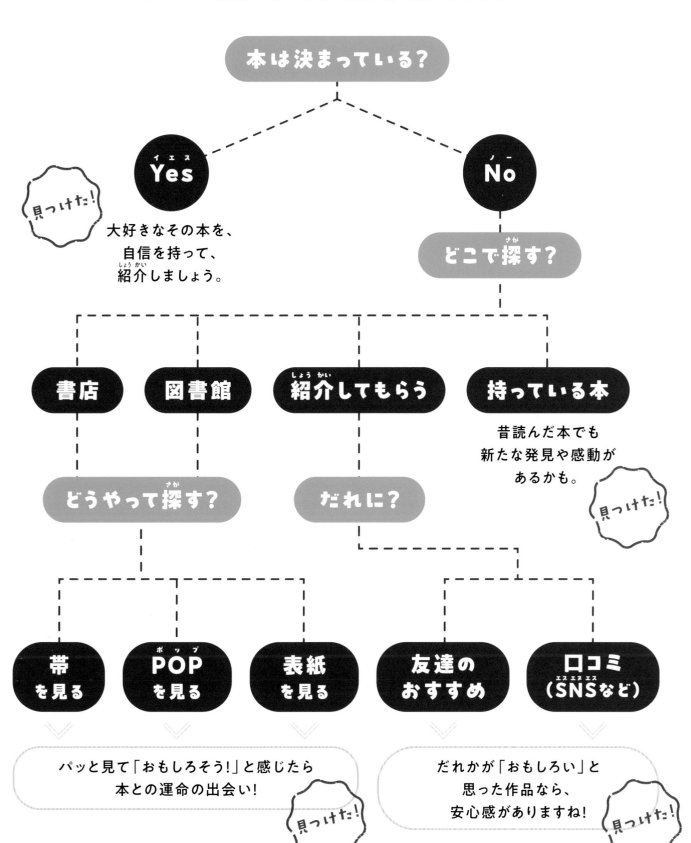

本は決まっている？

Yes（イエス）

見つけた！

大好きなその本を、
自信を持って、
紹介しましょう。

No（ノー）

どこで探す？

書店　**図書館**　**紹介してもらう**　**持っている本**

昔読んだ本でも
新たな発見や感動が
あるかも。

見つけた！

どうやって探す？　**だれに？**

帯を見る　**POP（ポップ）を見る**　**表紙を見る**　**友達のおすすめ**　**口コミ（SNSなど）**

パッと見て「おもしろそう！」と感じたら
本との運命の出会い！

見つけた！

だれかが「おもしろい」と
思った作品なら、
安心感がありますね！

見つけた！

書店の売り場はどうなっているの？

書店にはさまざまな工夫がしてあります。
POP（ポップ）も色々なタイプがあります（❶〜❻）。
次のページから、タイプ別に紹介（しょうかい）します。

遠くからでも目立つように
表紙や帯を見せてかざる！

中を見なくても
どんな本か分かるように
POP（ポップ）をつける！

どんなPOPがあるの？

実際に書店にかざられたPOPを紹介します。
プロのこだわりポイントに注目しましょう！

キャッチコピーで目を引くPOP

ここに注目!!

このキャッチコピー、実は**目次のタイトルそのまま**です！ たくさんの目次の中から「これ気になる！」「実際に読んでみたい！」と自分自身が感じたものを、キャッチコピーにしました。

『図解 身近にあふれる「生き物」が3時間でわかる本』
（明日香出版社）
左巻健男＝著

「笑わせる」「共感をよぶ」「興味をそそる」「知識がつまっている」など、キャッチコピーといっても、方向性はさまざま。本のジャンルに合わせて、クスっと笑えるおもしろい言葉、ストレートな表現、呼びかけ口調、日頃「あるある」と思えるネタなどを思いうかべ、なるべく短い文章でまとめるのがコツです！

これも自信作！

プロからのアドバイス

「キャッチコピー」は、上のPOPで目次を使ったように、自分で言葉を考えなくても大丈夫。ほかにも「この本、今まで読んだ中で一番ワクワクしたよ！」「おもしろすぎて眠れなくなっちゃった！」「わぁ！ このイラストかわいい♡」など、家族や友達が言った言葉もキャッチコピーになるんです。 （POP講師）

キャッチコピーを目立たせるために、一度白い紙に書いてから、ふちを切りぬいてPOP用紙に貼っています。
『人前で「あがらない人」と「あがる人」の習慣』
（明日香出版社）鳥谷朝代＝著

2 イラストを効果的に使うPOP

この絵本のすごいところは、なんといっても主役（ねこ）のインパクト！顔の傷やふてぶてしい表情だけでも、このねこがどんな人生を歩んできたか想像をかきたてられます。ひと目見て「かっこいい」と思ったので、見た人がドキッとするように、ねこの顔を中央にどーんと大きく見せるデザインにしました。

『どろぼうねこのおやぶんさん』（文芸社）
小松申尚＝文　かのうかりん＝絵

イラストが大きく描かれたPOPは、本の魅力を分かりやすく伝えられると同時に、親しみやすさも演出できます。「絵はうまくないし……」と避けずにトライしてみては？　きれいでかわいいイラストもいいですが、うまくないイラストならではの味わいが目を引くこともあるんですよ。

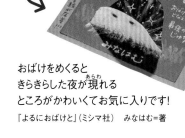

プロからのアドバイス

本の内容によって道具を使い分けるといいと思います。あたたかくてやさしい色合いがでる色えんぴつ、くっきり描けるマーカーやクレヨン、透明感も出せる水彩絵の具など。描きやすい紙に描いてから切って貼ってもいい。あと、楽しんで描くこと。それが必ず見た人に伝わります。　（TSUTAYA中万々店・書店員）

おばけをめくると
きらきらした夜が現れる
ところがかわいくてお気に入りです！

『よるにおばけと』（ミシマ社）　みなはむ＝著

3 手書き文字が楽しいPOP

このケチャップの先に
絵本が置かれています!
表紙にいるのが、
飛ばした犯人!
(6ページを見てね!)

(6ページを見てね!)

こんな工夫も!!

本の中の登場人物が本を
ぬけ出してイタズラしたよう
なしかけを作りました。メッ
セージに「ヒント」がかくれて
います。ケチャップを飛ばし
た犯人、本を探す楽しさも
味わってもらいたいです。

ここに注目!!

2冊の絵本の紹介を1枚の
POPで表現しました。POP
の文字を見やすくするた
めに文字に強弱をつけた
り、色を変えたりしていま
す。またイメージしやすいよ
うに、熱さを表現したり、ケ
チャップのドロッとし
た質感を出したりと、
読むだけで楽しいPOPに
仕上げました。

『ケチャップマン』『たべもんどう』
(ブロンズ新社) 鈴木のりたけ=著

見せる・読ませる・楽しませるために工夫をこらしている文字はPOPの注
目ポイント!　太いフチをつけて強調させたり、影をつけて立体的にした
り、硬い・やわらかいなどの質感や、熱い・冷たいなどの触感を表現した
り。文字自体の見た目によってPOPはまったく違う雰囲気に
なるので、さまざまな表現が楽しめます。

これも自信作!

とてもユーモアのある絵本なので、
絵本のタイトルを「なると」や「魚」
の絵文字にすることで見る人を楽
しませます。

『ねこのラーメンやさん』(金の星社)
KORIRI=著

プロからのアドバイス

「この本おもしろいから友達にも教えてあげたい」と思ったこ
とはありませんか?　その気持ちが大切です。その方法のひ
とつとして、カラフルな文字やおもしろい絵文字などを考え
るのも楽しいですよ。POP作りで一番大切なのは自分自身
が楽しむこと。ワクワク楽しい気持ちはPOPを通してみんな
に伝わること、間違いなしです!　(精文館書店・書店員)

4

形がおもしろいPOP

ここに注目!!

「雨の日に家の中で読書をする」をイメージして、家の形にしました。三角形に切った柄入り折り紙を色画用紙に重ねるだけで、簡単に家の形が作れますよ!

雨の日はおうちで
大ぼうけんしちゃおう!

え!? この先どうなっちゃうの…?
ドキドキのてんかいに目がはなせない!

イナバさんと雨ふりの町　文・絵
野見山響子

『イナバさんと雨ふりの町』
（理論社）
野見山響子＝文・絵

遠くからでも目を引くことが、POPでは重要です。形を工夫するのも方法の1つ。四角だけでなく、丸や星形などに少し形を変えるだけでも、グッと興味を引かれるようになります。切り貼りして形を変えることが難しい場合は、囲みを工夫することで形が変わったように見せることも可能です。

こんな工夫も!!

雨のしずくや、てるてるぼうずをかざりつければ、雨の日らしくなります。てるてるぼうずに表情をつけることで、楽しそうな本だなと興味を持ってもらえるように工夫しました。

本好きなあの人へ
やさしい気持ちと笑顔になれる
時間をプレゼントしよう!

本屋さんのルビねこ
作・野中柊　絵・松本圭以子

これも
自信作!

プロからのアドバイス

POPは、「だれに・いつ・どこで この本を読んでほしいか?」を考えてみることが大切です。「寝つけない夜に一人で」「放課後、友達といっしょに」など、本を読む場面をしぼって考えると、アイディアがわいてきますよ♪　その次は「ひと目でイメージを伝えるためには、どんな形にしたらいいかな?」と考えてみましょう!　（POP講師）

「プレゼントに」ということを伝えるためにハート形にしています!　かわいいイラストにも注目してほしかったので、キャラクターを描きました♪

『本屋さんのルビねこ』（理論社）
野中柊＝作　松本圭以子＝絵

5 素材を生かしたアイディアPOP

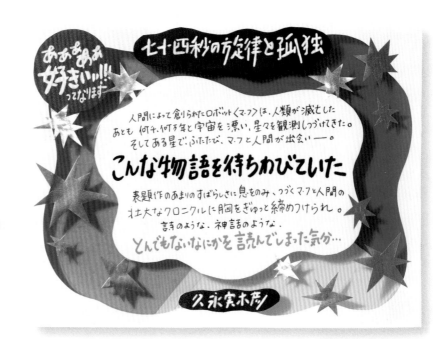

こんな工夫も!!

色の組み合わせを表紙と合わせることで、本と並べた時に違和感なく映えるようにしています。銀色の星は角度によって光を反射するので、通りすぎる人の目にとまりやすくなるはず!

『七十四秒の旋律と孤独』
(東京創元社)
久永 実木彦=著

ペンやマーカーで書くだけではなく、「切る」「貼る」ことで、さらに多彩な表現が可能になります。「貼る」素材もさまざま。本の世界観やイメージに合ったものを選びましょう。イラストが苦手な人も、こうしたテクニックを使えば、POP作りがもっと楽しくなるはずです。

ここに注目!!

物語の中にオーロラのような、とても美しい光景が出てくるのですが、それをPOPでも表現できればと思い、**透けるカラーフィルム**を使ってみました。

これも自信作!

怖い小説なので破れ目から黒いものがにゅーっと出てくる感じにしました!

『カミサマはそういない』(集英社)
深緑野分=著

プロからのアドバイス

POPは紙だけしか使ってはいけないということはありません。シールやマスキングテープでかざってもいいし、植物が出てくる本なら造花やドングリなどの木の実を接着剤でくっつけてもおもしろいと思います。本を紹介する文章が読みやすいように気をつけて、いろいろ試してほしいです。

(TSUTAYA中万々店・書店員)

6 インパクト重視のPOP

ここに注目!!

目の前に、主人公が綱渡りするシーンを再現し、臨場感を出しました。足元に目をやると綱渡りの男が見た空色が広がり、主人公の気持ちに近づいていく効果をねらいました。

『綱渡りの男』(小峰書店)
モーディカイ・ガースティン＝作
川本三郎＝訳

綱渡りの男
ほんとうにあったおはなしです。
この男の人のきもちは
いかに！？
こたえは…本をよんでみてね。

A3サイズ*の大きなPOPはラミネート加工して床に置きました！
(7ページを見てね!)

絵本の場所へさりげなく誘導!

つるします!

POPで重要なのは、思いっきり目立つこと！　大きくかざったり、宙につるしたり、床に置いたりするものもあります。遠くからでも目を引くうえ、どこに何があるのか分かりやすく誘導する効果もあります。もちろんインパクトだけではなく、どうしたら魅力が伝わるかを考えるのが一番大事です。

プロからのアドバイス

ふだんあまり手に取らない本でも、読むことで新しい発見をしたり、気持ちに変化を起こすことがあります。そんな特別な本をお友達に伝えたい時は、その本に興味を持ってもらうことが大切です。本の楽しさを伝えるために、お友達をびっくりさせられるようなしかけがあったら、より効果的です。　（精文館書店・書店員）

これも自信作!

こんなにあついひはうなってのりきる

実はこの親子POP、頭の大きさが等身大なんです！　暑い夏をふき飛ばしてくれるように元気でインパクトある大きさと立体感を出しました。

*A3サイズ：297mm×420mmの紙

POP作りにチャレンジ！

本の感想を書き出そう

読んで印象に残ったところを、
どんなことでもいいので、たくさん書き出しておきましょう。
おもしろかったことや感動したことだけでなく、
いやな気分になったことや難しすぎて分からなかったことなど、
マイナスのことでも、何でもいいのです。
少しでも自分の心が動いたことが重要！
自分ならではの表現で、ユニークなPOPを作ることができます。

シーン

- 笑ってしまった
- 涙が出た
- 怖かった
- なるほど、と思った
- 同じような体験をした
- 予想していなくて驚いた

セリフ

- かっこよかった
- ドキッとした
- おもしろかった
- 心がジーンとした
- 難しい言葉だった
- 方言が楽しかった

登場人物

- いやなところ
- かっこいいところ
- 尊敬できるところ
- うらやましいところ
- 理解できないところ
- 自分と似ているところ

感じたこと

- はじめて知った
- 自分と違う意見だった
- だれかに教えたくなった
- 自分もまねしたいと思った
- 勇気がわいた
- 反省した

タイトル

図書館探偵

20XX 年 XX 月 XX 日

著者

小松田佳代

出版社

○×出版

心が動いた部分、調べた言葉　など

好きなシーン

・ ナゾを解決したごほうびに、
司書の本田さんが
探偵バッジをくれるところ。
・ 最初、役に立たないと言われて
いたコースケのもつ道具が
重要なアイテムになって
みんながおどろくシーン！

好きなセリフ

「オレはもう本気に
なってるぜ！」（イチロー）
↑ユキヤがボソッとつぶやいた
「この本、気になって…」という
セリフを聞きまちがえたのが
おもしろかった。

好きな登場人物

コースケ→

推理小説が
好きすぎて
リュックに探偵七つ道具を
つめこんでいる。両親が好きな
探偵の金田一耕助が名前の由来。

思ったこと

図書室にある本の内容が、
なぞ解きのヒントに
なってるのが
おもしろい。
図書館に行きたくなった。

調べた言葉

[金田一耕助]…推理小説に登場する私立探偵。日本三大名探偵のひとり。

ここからフォーマットをダウンロードして使えます

POP（ポップ）作りにチャレンジ！

2 POP（ポップ）のタイプを考えよう

8〜13ページで紹介（しょうかい）したように、POP（ポップ）にはいろいろな見せ方があります。
読書メモをもとに、自分が読んだ本はどういう見せ方が効果的（こうか）か、
考えてタイプを選びましょう。

アイディアのヒント

1 キャッチコピーで目を引くPOP（ポップ）

先日、まさに息子から質問され、てきとうに答えてしまった私にはタイムリーな一冊でした！これは親子の会話にもピッタリ！大人が楽しめる雑学満載（まんさい）！

図鑑 身近にあふれる「生き物」が3時間でわかる本
（1512円）

- ドキッとする言葉を使う
- 「なんだろう?」と気になる言葉を使う
- 「あるある」と共感できる言葉を使う
- この本が好きだという気持ちを伝える 　　など

イラストを効果的（こうか）に使うPOP（ポップ）

どろぼうねこのおやぶんさん

きょうの天気は晴れのちさんま!!? 奇想天外なストーリーといかつい猫がたまらん?

こんな街の住人になってみたい！オチも最高なんです！

小松申尚 ぶんとえ／ガウラグリン

えほん大賞受賞作！ストーリー部門

- 紙いっぱいに大きくイラストを描く
- 人物や動物が紹介（しょうかい）しているように描（か）く
- 小さなイラストをたくさん描（か）いてにぎやかにする
- マンガ風にストーリーやおすすめポイントを伝える 　　など

手書き文字が楽しいPOP

● 文字の色を変える

● 文字の大きさを変える

● 特徴のある文字を使う

（※27ページ「文字のバリエーション」を参考）

など

形がおもしろいPOP

● 本の内容を連想させる形にする

● だれかがしゃべっているように
フキダシの形にする

● 絵や文字が目立つように
まわりを切り取る

など

素材を生かしたアイディアPOP

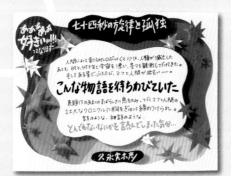

● 素材の違う紙を台紙にする

● セロファンや布、
ダンボールなどを組み合わせる

● シールやマスキングテープ、
リボンなどでかざる

など

インパクト重視のPOP

● 大きなサイズで作る

● 飛び出して見えるように
立体的に作る

● めくったり、開いたり、
動かせるように作る

など

基本編

3 POP作りにチャレンジ！

キャッチコピーを考えよう

キャッチコピーとは、少ない文字で商品の魅力を表す言葉や文章のこと。
日本の俳句や短歌は少ない文字数で、季節や場面、感情などを
表現しますが、それと似ています。すべてを説明するのではなく、
あえて一部分だけ説明して、読む人を「え?」と思わせるのもひとつの手。
伝えたいことを一度文章にしてみて、
それを短くリズミカルな文章に手直ししていくとよいでしょう。

ポイント 1

インパクトのある
言葉で目を引く

「先が気になる!」「え、なんで?」「どういう意味?」など、感情をゆさぶられる言葉は効果的です。

- 目覚めると、
  お姫様だった!
- 最悪のラストが…!
- 少年の運命は!?
- 最後の1ページまで
  だまされ続ける
- これは、丸くて
  四角いお話です
- どうしてその箱を開けて
  しまったんだろう……

ポイント 2

本をひとことで
表現すると?

おすすめポイント＋本のジャンルで表わすと分かりやすいです。

- 命の大切さが分かる図鑑
- 夢が広がる
  SFファンタジー
- 背すじがこおる
  学園ホラー
- 頭が良くなるクイズ本
- 笑いが止まらない
  ダジャレ本
- コツが分かる計算ドリル
- 家族が大好きになる
  ハートフルストーリー

<ruby>ポイント<rt></rt></ruby> 3

自分だったら 読みたくなる 言葉

相手に<ruby>興味<rt>きょうみ</rt></ruby>や関心を持たせるための短い言葉がけです。

- 読むなら今！
- ダントツ人気！
- 読み出したら 止まらない！
- <ruby>衝撃<rt>しょうげき</rt></ruby>のラスト！
- わたしのイチオシ！
- こんな話が 読みたかった！
- だれかに今すぐ 教えたい！
- 何度でも読みたくなる！
- 日本中が泣いた……

<ruby>ポイント<rt></rt></ruby> 4

<ruby>感情<rt>かんじょう</rt></ruby>を表す 言葉を 使ってみる

心に残った場面や本を読んで感じた気持ちをストレートに伝えることができます。

- <ruby>眠<rt>ねむ</rt></ruby>れなくなるほど <ruby>怖<rt>こわ</rt></ruby>い！
- <ruby>涙<rt>なみだ</rt></ruby>なしでは 読めない！
- ドキドキの<ruby>展開<rt>てんかい</rt></ruby>に 読む手が 止まらない！
- 1行目から <ruby>吹<rt>ふ</rt></ruby>き出した！
- 読み終わったあと 心がほっこり……

<ruby>ポイント<rt></rt></ruby> 5

POP<rt>ポップ</rt>を見る人に 語りかける ように

<ruby>呼<rt>よ</rt></ruby>びかけや<ruby>質問<rt>しつもん</rt></ruby>など、話しかける文章にすると、身近な人からすすめられているような気持ちになります。

- ○○は好きですか？
- もしも○○に なったら、どうする？
- この本、気になる？
- とりあえず3分 だけ読んでみて！
- この<ruby>秘密<rt>ひみつ</rt></ruby>、 知りたい？

POP作りにチャレンジ！

4 紹介文を考えよう

紹介文は、本の登場人物や簡単なあらすじを説明する文章です。
POPの限られたスペースで説明するのは、
なかなか難しいかもしれませんが、
だれかに教えてあげるようなイメージで作ってみましょう。

ポイント 1 だれに読んでもらいたい？

どういう人に読んでほしいか、具体的な相手を想像すると書きやすくなります。

- 学校がつまらないと言っていた友達に
- 本を読むのが苦手という妹に
- かつて小学生だったお父さん、お母さんに
- 自分と同じ悩みを持っている人に
- 勉強ばかりしているお兄ちゃんに
- 1年前の自分に

ポイント 2 どんな話（あらすじ）？

ストーリーをくわしく書く必要はありません。これから読む人の楽しみは残しておきましょう。

登場人物、物語の舞台、おすすめポイントを入れると、相手がイメージしやすくなります。主人公がどんなことをしたのか、エピソードの一部を少しだけ紹介してあげるのもいいでしょう。

また、キャッチコピーの内容ともかぶらないようにします。

ポイント 3

気持ちや感情を伝える

どんな感情がわいたか、自分の素直な気持ちを書くと、相手が共感しやすく効果的です。

本を読んで涙を流したとしても、それが悲しい涙なのか、感動の涙なのか、せつない涙なのか、自分の気持ちを深く考えて、具体的に伝えます。

ポイント 4

短くまとめる

紹介文は、あまり長くならないようにすることがコツです。

だいたい、100文字くらいが目安。

伝えたいことはたくさんあるでしょうが、アピールポイントはしぼりましょう。

ポイント 5

ネタバレ厳禁!!

POPは、本の魅力を効果的に伝えるためのツールです。

「どんな本なんだろう」という興味をわかせ、その本を読みたいと思ってもらうことが目的です。

一番の楽しみであるナゾや秘密のオチなどは、絶対に書かないようにしましょう。

5

POP(ポップ)作りにチャレンジ！

下書きをしよう

キャッチコピーや紹介文(しょうかい)が決まったら、次は全体のイメージを考えて、
下書きに進みます。最初に、ノートや紙に、
イメージ図を書いてみましょう。入れる文や絵のボリュームを考えて、
紙の形や大きさを決め、配置を考えます。

POP(ポップ)に書くこと ※必ず入れるもの、そうでないものを確認(かくにん)しましょう。

- ●**本の題名**
- ●**紹介文(しょうかい)**
- ●**著者名(ちょしゃ)**
- ●**キャッチコピー**
- ●**イラスト**

など

イメージ図を書く

ここでは、だいたいのバランスを考えるだけでOK(オーケー)。
何パターンか書いてみると、
良い案が思いうかびやすくなります。

●イチロー、コースケ、ユキヤ、ニコ、ヤコ、ホンダさん、コグマ

ポップのデザイン アイデア (その1)

※黄色い厚い紙で バッジをつくる

重要人物 フキダシ 司書

HONDAさん

ヒントは 団書館員の本田さんがくれる 本のタイトルだけ。学校で起こる事件を 解決するため探偵バッジを胸につけた子供たちが 事件にいどむ！

ホームズ

DETECTIVE CLUB #01

※探偵団バッジの 番号はイチローの01

この本、気になる？

図書館探偵 小松田佳代 キャッチコピー 紹介文

本の形 デザイン

団員バッジ 図書館探偵 小松田佳代 !!

キャッチコピー

紹介文(長すぎない！)

セリフ

デザインは 図書館探偵 P44のさし絵を参考

図書館探偵 小松田佳代

正正正 ニコ ヤコ イラストは 女子を入れて

下書きをする

台紙を用意して、イメージ図をもとに、実際の大きさで文字やイラストを配置します。この時、多少変わってしまってもかまいません。「ここだけ大きくしたほうがおもしろい」など、ここでバランスを調整していきましょう。

ポイント 1
ダジャレ好きな主人公みたいに言葉遊びに!

キャッチコピー
大きく見やすく書いて伝えたいことが一番に分かるようにします。

紹介文
文章は短くまとめます。文字数が多くなるので、ほかよりも小さい文字にします。

ポイント 2
イラストが目立つように立体的に!

ポイント 3
シールなどでかざりつけ!

本の題名・著者名
きちんと情報が伝われば、小さくてもかまいません。題名を大きく目立たせることもあります。

イラスト
台紙に直接描いたり、別の紙に描いた絵を貼りつけたりします。

POP作りにチャレンジ！

6 仕上げをしよう

下書きが完成したら、いよいよ仕上げです。
カラフルな色ペンなどで完成させましょう。

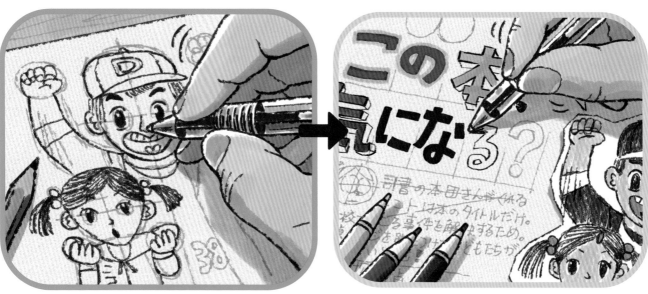

1 イラストを別の紙に描く。

2 台紙にイラストを配置して
バランスを決めたら、キャッチコピー
や紹介文などの文字を書く。

3 線や囲みなどを書く。

4 シールや
マスキングテープを貼る。

完成!!

この本、気になる？

オレは本気になるぞ!

DETECTIVE CLUB #01

HONDA

司書の本田さんがくれるヒントは本のタイトルだけ。学校で起こる事件を解決するため、探偵バッジを胸につけた子どもたちが、ナゾにいどむ!

図書館探偵　小松田佳代

実際にかざってみよう

図書館探偵　小松田佳代

小学校司書が今いちばんすすめたい本 No.1

30万部突破の図書館ミステリー

POP作りにチャレンジ！

POPの工夫いろいろ

書く道具

筆記用具の種類はさまざま。先の太さ、形、硬さなど、それぞれの特徴を知った上で選びましょう。水性・油性でも使い方が異なるので要注意！

色ペン

色えんぴつ

絵の具

クレヨン

筆ペン

マーカーペン

線や囲みの種類

より注目させたい時や、文章にメリハリをつけたい時は、線や囲み、フキダシなどでかざり、バランスをとりましょう。

線　　　囲み　　　フキダシ

文字のバリエーション

丸みのあるかわいい文字や、おどろおどろしい文字など、文字の見た目によって、さまざまな雰囲気を演出できます。

フチをつける

影をつける

線の強弱をつける

ゆがませる

まるみをつける

直線で書く

筆文字

一部分を絵にする

色使いのポイント

色には、それぞれが持つイメージがあります。
本の世界観やメッセージに合う色や
組み合わせを考えましょう。

 ● あつい
● からい

 ● 冷たい
● さわやか

 元気
明るい

 ● 自然
● 健康

 ● 高級
● 古風

 ● 伝統
● 歴史

 ● 重い
● 硬い

 ○ 軽い
○ 清らか

怖い

危険

青春

恋

魔法

おいしい

そのほかの工夫

ちょっとしたポイントやいろどりを加えたい時は、シール、折り紙、マスキングテープなどを使うのもおすすめです。

27

POP作りにチャレンジ！

パソコンやタブレットで作ってみよう

パソコンやタブレットのアプリケーションを使って仕上げをしてみましょう。「Keynote」や「PowerPoint」、「Googleスライド」など、さまざまなプレゼンテーションアプリから、自分に合うものを選びましょう。ここでは「Canva」を使って紹介します。

1 全体の色や素材の位置を決める

図形やフレームなどを組み合わせて、色やイラストの配置を決めましょう。フレームには写真をはめこむことができます。

2 文字を入力する

キャッチコピーや紹介文などの文字を入力しましょう。文字の種類や色、大きさによって読みやすさや印象が変わります。

3 画像を配置する

撮影した写真や、別のアプリケーションを使って描いた絵を配置します。イラストだけでなく風景や動物の写真などもOK！

4 絵を描く

「描画」で直接絵を描くこともできます。ペンの種類や色、線の太さなどを自由に変えて描いてみましょう。

この本、気になる!!

完成!!

司書の本田さんがくれる
ヒントは本のタイトルだけ。
学校で起こる事件を解決するため、
探偵バッジを胸につけた子どもたちが
ナゾにいどむ！

図書館探偵
小松田佳代

実際に
かざってみよう

こんなアイディアも！

虫めがねの
レンズ部分を
くりぬいてみた！

この本、気になる!!

司書の本田さんがくれる
ヒントは本のタイトルだけ。
学校で起こる事件を解決するため、
探偵バッジを胸につけた子どもたちが
ナゾにいどむ！

図書館探偵
小松田佳代

気をつけよう！
やってはいけないこと

POPを作る時に注意しなくてはいけないのが「著作権」です。
「著作権」というのは、文章・音楽・写真・絵など、
それを作った人以外は勝手に使ってはいけないという権利のこと。
これは著作権法という法律で決まっています。
著作権を侵害することは犯罪なのです。
インターネットでは、簡単に文章や絵を手に入れることができるので、
「著作権」にはじゅうぶん注意しましょう。

これはダメ!!

本、雑誌、新聞などの
文章や絵、写真を
勝手に使うこと。

インターネット上の
文章や絵、写真を
勝手に使うこと。

有名人だけでなく、
友達でも、**ほかの人の**
文章や絵、写真を
勝手に使うこと。

テレビやビデオから
取りこんだ画像を
使うこと。

マンガやアニメに
出てくるキャラクターを
まねして描いた絵を
許可なく使うこと。

音楽や歌の歌詞を
勝手に使うこと。

友達からの
電子メールの内容を、
友達の許可無しに、
勝手に使うこと。

NO!

「著作権」のあるものを使いたい場合

「著作権」があるものを使わせてほしい時には、必ず、作った人に使ってもよいかを
聞くようにしましょう。作った人がだれであるかをはっきりと記載すれば、
使ってもよいという返事をもらえることもあります。

POPを作る時の注意

● 本の文章をそのまま使う時は、引用していることをはっきり示す。

● 本の表紙や中のイラストをコピーして貼りつける場合は、引用していることをはっきり示す。
（※本文の引用、イラストのコピーや模写を不可とするコンクールなどもあります。）

● 「著者名」「出版社名」などを見やすい場所に書き入れる。

学校の授業で使う時の注意

学校などで、小説、絵、音楽などの作品を利用する場合は、
一定の範囲で自由に使うことができます。POPに文章を引用したり、
コピーを貼りつけたりしたとしても、授業内で製作したり、
発表したりする分には大きな問題にはならないでしょう。
ただし、そのPOPをSNSやインターネット上に公開したり、
コンテストに応募したりする場合は、
法律違反になる可能性があります。
事前に出版社や権利者に確認するようにしましょう。

作品をコンテストに応募してみよう！

★角川文庫 POPコンクール大賞
主催：株式会社KADOKAWA

角川文庫およびKADOKAWAの
文庫作品を対象とした
POPコンテストです。郵送での
受付で、個人で応募をします。

https://promo.kadokawa.co.jp/popconcours/

★全国学校図書館POPコンテスト
主催：株式会社ポプラ社

学校図書館にある本を対象とした
POPコンテストです。郵送とWeb、
どちらでも受付が可能で、
学校ごとに応募をします。

https://www.poplar.co.jp/schoolLibrary/pop-contest/

※その年によって、コンテストを開催するかどうかは異なります。開催の有無に関してはHPにてご確認ください。

ほかに各自治体や図書館主催の「本のPOPコンクール」などもあるので、調べてみましょう。

協力

すごはん　増澤 美沙緒
TSUTAYA中万々店　山中 由貴
精文館書店　都築 智子
有限会社明日香出版社
株式会社小峰書店
株式会社東京創元社
株式会社ブロンズ新社
株式会社文芸社
株式会社KADOKAWA
株式会社ポプラ社

読書を楽しむ 帯・POP作りのスゴ技
本のPOPをつくろう！

「本のPOPや帯を作ろう」編集室

イラスト	ニイルセン
装丁・デザイン	鳴田小夜子（KOGUMA OFFICE）
写真	藤本 勉（有限会社日本写真工房）
校正	株式会社文字工房燦光
編集協力	みっとめるへん社
発行者	鈴木 博喜
編集	池田 菜採　村上 佳代
発行所	株式会社理論社
	〒101-0062　東京都千代田区神田駿河台2-5
	電話　営業 03-6264-8890　編集 03-6264-8891
	URL https://www.rironsha.com
印刷・製本	TOPPANクロレ株式会社　上製加工本

2024年2月初版
2024年9月第4刷発行

コピーして使えます。
同じものが15ページの
2次元コードから
ダウンロードできます。

読 書 メ モ

タイトル		年　　　月　　　日
著者	出版社	

心 が 動 い た 部 分 、 調 べ た 言 葉　 な ど

読 書 メ モ

年　　　　月　　　　日

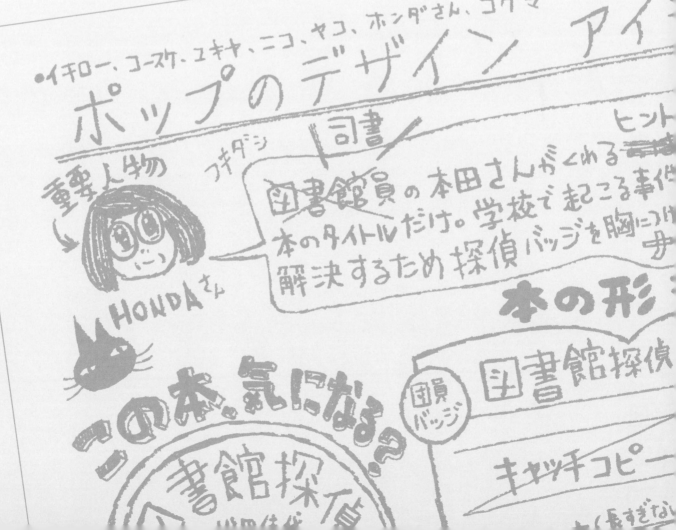